書き出し小説名作集

挫折を経て、猫は丸くなった。

天久聖一 編

新潮社

目次

はじめに

書き出し小説とは文字通り、書き出しだけで成立した極めて短い文芸スタイルである。そしてその発端には物語に対する純粋な愛情と、多少の打算がある。

物語を愛する者なら誰もが（少なくとも本書を手にとる方なら）一度くらいは自分で小説を書いてみたいと思ったことがあるだろう。しかしそれには多大な時間と労力が必要であり、また仮に書き上げたとしても人様に見せるには相当の勇気がいる。ましてや出版となると余程の運と才能がない限り不可能に近い。

しかし、なにかを物語る権利は誰もが平等に持つ。たとえそれが未完のままでも、取るに足らない妄想であっても、自分の中のイマジネーションをほかの誰かと共有したいという想いに変わりはない。

ならば、書き出しだけでいいじゃないか。ただその初期衝動をかたちにするなら、むしろ冒頭だけの物語の方が、よりその想いをストレートに伝えられる。しかも書き出しだけなら時間も掛からない。アイデアひとつで名文をものにすることが出来るかもしれないし、そこで止めればボロも出さなくて済む。

ただし書き出し小説は書き出しだけなので、そのつづきは当然ながら読者が想像しなければならない。だがそこにこそ書き出し小説最大の妙味がある。書き手のイマジネーションが読み手のイマジネーションを刺激し、ひとつの書き出しからはまさに読者の数だけ、無数の物語が生まれる。

本書にはそんな無限の可能性を秘めた物語の原石が、なんと416個も詰まっている。ページ数における密度を考えれば、一般の短編集に比しても圧倒的にお買い得と言えるだろう。

書き出し小説にはとくにルールを設けない自由部門と、毎回出されるテーマに沿った規定部門の二種類がある。前半には自由部門を、後半には規定部門を収めている。

本書はネットサイト「デイリーポータルZ」において募集された膨大な作品から厳選した秀作を集めたものである。珠玉の作品を投稿してくれた書き出し作家の諸君にはこの場を借りて最大級の感謝を捧げたい。

さあ、扉は開かれた。後はあなたの想像力次第。めくるめく書き出しの世界へようこそ!

装幀　原条令子デザイン室

挫折を経て、猫は丸くなった。

書き出し小説名作集

自由部門

挫折を経て、猫は丸くなった。

もんぜん

〔自由部門〕

〔自由部門〕

ミステリーツアーはガイドの失踪で幕を開けた。

Mch

内側のカーブにヤスリをかけて三日月は完成した。

もんぜん

カナブンが一直線に飛んできた。私のファーストキスだった。

日向

僕の天使はいつも瓦屋根を踏み抜いて落ちてくる。
おこめ

熊が冬支度をはじめ、僕は就活をやめた。
流し目髑髏

月末というのは、悪魔が姿を変えたものだ。
マークパン助

ロボットが人間に始めてついた嘘は「似合っていますよ」だった。

もんぜん

「完璧です！」焼き肉屋が肉を焼く度やかましい。

茂具田

誰の顔も思い出せなくなる時刻がある。

ババア伝説

親父の作品とは知らずヒロインに恋をしていた。
TOKUNAGA

このように巻かれろ、と念じながらスカーフをいじっている。
xissa

奇をてらって失敗する人間を、僕は鏡の中に何度も見てきたはずなのに。
くわ

〔自由部門〕

外壁を褒める男が三周目に突入した。

ヘリコプター

何度コンティニューしても恐竜は絶滅してしまった。

Mch

国防省からの赤メールが届いた兄は、食べかけのカップ麺を残したままサイバー空間へと赴任した。

g-udon

私は王様ゲームでできた子どもだ。

ら＋

モテすぎる女にモテたとき、人は何も信じられなくなる。

マークパン助

たらこスパゲティ考えたやつ天才だなとか思いながら夕焼けを見ていた。

プレミアムバザー高田

「これの色違いありますか」八百屋に妙な客が来た。

義ん母

泣いているあいだ、世界はとても静かだった。

紀野珍

のぼせた紗知子の色っぽさは疲れたカエルを思わせた。

ウチボリ

「フェミニズムねえ……」ステラおばさんはマグカップを見つめ、寂しそうに笑った。

まむーん

キンキンに冷えたサイダーの泡の向こうには金閣寺が見えた。
電荷じゃがいも

元カノがまだ予測変換にいる。
ふじーよしたか

話が弾んだので、火葬はすぐに終わった。
TOKUNAGA

路上でヨガをしていると、タクシーが止まった。

伊勢崎おかめ

タカシの松葉杖はやたらとしなった。

ウチボリ

三時間並ぶ行列の先には、ありふれた簡易トイレがあるだけだった。

流し目髑髏

〔自由部門〕

カップル4組が狭いエレベーターの四隅を取り、私はその中央で盆踊りのイメージトレーニングをしていた。

ウウタルレロ

ほうれい線に沿って流れた彼女の涙は、しゃくれたアゴのところで跳ねたように見えた。

ビールおかわり

女子は水筒を傾け、男子は噴水を飲んでいた。

大伴

排水口の栓を抜くと、女神は回転しながら水の底に消えた。

紀野珍

上陸した猫は、各地に深い爪痕を残していった。

タクタクさん

〔自由部門〕

ほぐした紅鮭の身は屋根瓦の形をしていた。

g-udon

ぬ、みたいなイヤホンをもたもたほどいて、この場が過ぎるのを待つ。

人が生きてる

飛ばしたシャンプーハットは青空と海を割り、水平線の一点をピンクに染めた。

prefab

音楽性の違いで解散した三人は、同じ工場に就職した。

哲ロマ

〔自由部門〕

烏帽子を脱いだ瞬間から、ぼくらのアフターファイブが始まる。

ウチボリ

言われた通りに一万円札を渡すと、手品師は消えた。

えむ毛

党は分裂をはじめ、やがて見えなくなった。

ウウタルレロ

私を置いてどこにも行かない男は、私を連れてどこにも行かない男でもあった。

Mch

醬油びんが倒れて醬油が円を描く。その中に猫がはいる。

xissa

怒りにまかせて殿様を乗せた駕籠を激しく地面に叩きつけた。

茂具田

〔自由部門〕

「形だけでも覚えて帰ってくださいね」

TOKUNAGA

兄の部屋から聞こえていた笙の音が不意に止んだ。

よしおう

妖精のイヤリングはとても壊れやすく、直すことができるのは透明な指を持つ職人だけだという。

Mch

通りすがりの鼻唄盗んで夕暮れの商店街をすり抜ける。

xissa

ゴルフ場で法事。そして今さらの自己紹介。義父は私を試している。

ocamo

小さい頃に、通り雨と晴天の境を見たことがあって、随分長い間、あれが梅雨前線なのだろうと信じていた。

イセグチ

暗闇の中で電灯のヒモは無限に伸び続けた。

こらん

羽毛が片寄って布で寝ている。

xissa

それは高架線に引っかかった北斗七星が、キラキラ星を奏でた夜。

タクタクさん

キミの食べるはずだった菜の花が咲いてしまったよ。

xissa

〔自由部門〕

ヒロシの投げた紙飛行機はグングン高く上り、結果、勢いづいたかたちで組事務所に落ちていった。

ウチボリ

底の方が沸いていていない湯船に我慢して浸かっていた経験はないだろうか。狐に憑かれた感覚はそれと良く似ている。

TOKUNAGA

論理的に否定されたのを感覚的に理解した。
ウチボリ

現地妻たちのネットワークが、俺という人間を立体的に浮かび上がらせる。
Mch

牛が円盤に吸い上げられたので、乳搾り中の私も宙に浮かんだ。
茂具田

なんでもそうだが、先頭に並ぶのは恥ずかしい。

g－udon

コインランドリーで洗濯物を待ってる間、飛蚊症で遊ぶ。

人が生きてる

父親によく似た銅像が悲しそうに分譲マンションを見つめていた。

俺スナ

本館と新館の間に雪が降りしきる。

x・issa

賞状を受け取る所作？　作法？　それはなぜか身体が記憶していた。

紀野珍

ここは病院か？　エリザベスカラーで周りが見えない。

えむ毛

〔自由部門〕

〔自由部門〕

リセット穴に乾麺を挿した。

伊勢崎おかめ

机上に広がる付箋の花畑が、彼女の不在と必要性を示していた。

suzukishika

想像してごらん。そういう眼鏡がダサくなり、そしてふたたび流行ることを。

大伴

父のジョークに風鈴だけが小さく笑った。

大伴

彼を傷つけないためについた嘘は彼の作品になり、子供達に読まれる絵本になった。

トミ子

大盛り券を貰って喜んでいた。それを所持しているだけでは何も食べられないのに。

柴咲ハコ

〔自由部門〕

〔自由部門〕

私が嫉妬する女はいつも、花の名前を名乗っていた。

merumo

あなたに私が成虫になる直前のどろどろの状態を見せてあげる。
ロサンゼルス

分度器を二つ合わせても、綺麗な円はできなかった。
くのゐち

球場に響いたその校歌の出だしはボイスパーカッションだった。
哲ロマ

娘が4万円の革ジャンを試着している。

山本ゆうご

小川を挟んでスカウトされた。

伊勢崎おかめ

「お父さん、そこ、ロケットの発射台！」その直後、父は種子島の空高く舞い上がっていった。

ｍｏｒｉｎ

ＧＩＦ画像の街は無音の爆発を繰り返している。
ＴＯＫＵＮＡＧＡ

「自由に泣いていいよ」という言葉に自由があるように思えなかった。
くずきり

迂闊だった。褒め上手を敵に回すとどうなるか、ちょっと考えれば分かったはずじゃないか。

Ｍｃｈ

〔自由部門〕

一見なんの接点もない8人のストーリーがラスト見事に繋がる。
横断歩道の向かい側、青を待つ人達を眺めながら、勝手に思った。

哲ロマ

「これ食べ終わったら、ホントにさよならだね、最後の晩餐だね」と彼女は笑った。伸びろ、うどん。

菅原 aka $.U.Z.Y.

深夜の公園に懐中電灯のあかりがふたつ、何かを捜している。

xissa

僕の企画書は、その場で刻まれ酋長の煙草にされた。

義ん母

交番に届けられていた下着は、少し広がっていた。

えむ毛

右折してきた車にぶつかる瞬間、頭の中の大きな指がＣｔｒｌ＋Ｚを押した。

あだんそん

斜めに走る水平線を車窓の外に眺めながら、いつのまにか眠っていた。

まナツ

月が綺麗に見える夜は、街ごと作り物っぽく感じる。

紀野珍

〔自由部門〕

ボブの合気道は、結局力で投げている。

正夢の3人目

〔自由部門〕

琥珀の中に祖母がいる。　大伴

女組長はダッフルコートでやってきた。　正夢の3人目

高飛び込みをする夢の目覚めは日に日に遅くなり、このままだと
今晩は着水する。　猫背脱却物語

頼みこんで入った天国に母はいなかった。

小夜子

五の倍数に対してすら素直になれない日もある。

えむ毛

リンゴ磨きのおじさんが卑屈に笑うほど、リンゴはピカピカになった。

もんぜん

全てを失ったが、残尿感はある。

ヘリコプター

二つの点をじっと見ていたら、立体駐車場が浮かび上がってきた。

ヘリコプター

冷めた味噌汁をまぜるように、事件は闇に包まれていった。

大伴

この木も桜だったのか。

ぴすとる

リンダにもう一度会いたい。会って「枝豆は大豆だ」と伝えたい。

Mch

ヌートリア。悲しい歴史を持つネズミ。彼らは加古川を遡り、涙の川を泳ぐ。

木冬

〔自由部門〕

今日は薔薇の香りが強い。死体があるのだろう。

正夢の3人目

筆ペン売場の試し書きで文通は続く。

suzukishika

ロボットを好きになり愛情諸々ぶつけていると、錆びてきて、それがまた可愛い。

ボーフラ

「いいか、おまえは何もするな」未来から来た自分
に言われた。

紀野珍

〔自由部門〕

おじいちゃんと犬の小太郎はいつも別々に帰ってくる。
紀野珍

いざ探すとなると、虚無僧もいないものだ。
TOKUNAGA

うたたね電車でふと目を覚ますと、いちめんの野球部員だった。
xissa

能の舞台を突っ切れば会議に間に合う。

義ん母

園児が順に龍にまたがり、いっぱいになったところで一匹ずつ空へ舞い上がった。

茂具田

自分のせいで、人文字は少し意味が変わった。

えむ毛

〔自由部門〕

全身に青海苔をまぶして国立公園の一部になった。

マークパン助

追ってきた店員と二人、この山で遭難して今日で一週間になる。

TOKUNAGA

銀座の雑踏に、父は人買いの眼をして立っていた。

xissa

靴屋に行く度に思い出されるのは、こっそり新しい靴を買ったのに「知らないおっさんと靴交換してもろてん」という嘘を言った父のことである。

hit4

空き巣に入ったら鍋が弱火にかかりっぱなしだったのだが、意図的かもしれないので俺は見守るしかない。

suzukishika

〔自由部門〕

氷上の最速は亀だ。

TOKUNAGA

外反母趾にちょうちょが止まった。

xissa

彼女は一向に示さない事で、示す以上の執着を焼付けたがる。

merumo

いやに長いきび団子をお腰から垂らしていた。

松っこ

ユニクロに行くためだけに着る、ユニクロではない服を用意している。

伊勢崎おかめ

その罵倒が告白だと気づいたのは翌日の放課後だった。

suzukishika

〔自由部門〕

蟹スプーンで筋肉を抉られるとくすぐったいの。死んでてもわかるの。

伊勢崎おかめ

互いの島根県が相違したまま、島根県の話は続いた。

TOKUNAGA

鎖帷子が揺れるたび私の乳首を刺激する。

g-udon

SNSは私の頭に無数の幸せを注射する。私は死ぬ。

コンパスゼット

〔自由部門〕

アダルトサイトの履歴だけが、私のアリバイを証明してくれた。
大伴

裸族がそう言うことで、逆に説得力が増した。
伊勢崎おかめ

金魚の吐き先を求めて、口をふくらましながら、川のほとりを歩く。
もんぜん

空飛ぶ畳に乗って世界中でお茶をたてまくった。

茂具田

氷のような眼をして、先輩はトーナメントを駆け登って行った。

kzk

共鳴する木魚は少しずつ前に行く。

ウチボリ

初対面から呼び捨てになるまでに十分とかからなかった。

山本ゆうご

寝ている息子を起こしてまで、伝えることではなかったかもしれない。

高橋明治人

寝そべって足の裏で壁に触れる。実家だ。

哲ロマ

苦い記憶を総動員してホテルマンは笑いを噛み殺した。

suzukishika

夜の公民館はダンサーにとって大きな鏡でしかなかった。

俺スナ

アダルトな笹舟が流れてきた。

マークパン助

〔自由部門〕

欠伸をすると、祭り囃子がすこし遠ざかった。

紀野珍

はい、こちらお客様相談室相談室相談室です。

伊勢崎おかめ

部長の雑談につきあうことを「赤べこ」と言い、それに伴って発生した残業代を「べこ代」と言う。

AD794

彼女の頬を、マウスカーソルで撫でた。

大伴

〔自由部門〕

カーテンレールに連なる亡霊は、一週間分の私。

merumo

眼鏡を外すと、無機質な夜景はロマンティックにぼやけた。

KOB

雨の直前だけ、台所に電車の音が届く。

井沢

タトゥーは旧姓で入っていた。

suzukishika

伝書鳩を既鳩した。

もんぜん

湿布のように貼られたハムは起上がると同時に全てはがれ落ちた。

TOKUNAGA

〔自由部門〕

丹念に化粧を直しながら「恵まれてんのよ、あんた」と谷崎は言った。

小夜子

右手を戸袋に挟まれたので、左手で「電車 戸袋 対処法」を検索した。

g-udon

オセロ部の誇りにかけて、不良から部屋の角だけは死守した。

もんぜん

さっきまで乗っていた観覧車は、街の景色に戻っていた。
TOKUNAGA

人が避けた席には、それなりの理由がある。
ふじーよしたか

いったん法螺貝やめて、話を聞いてくれるか。
大伴

口ヒゲの濃い小学生に敬語を使って、その日はなんとなく終わった。

茂具田

誰かと戦ってる内は、自分と戦わなくていい。

人が生きてる

「亀を一回踏むたびに命を一つあげよう」そう言われた男は永遠に亀を踏み続けた。

ぴすとる

〔自由部門〕

バカが気球を買った。

正夢の3人目

引力を使い果たした祖父は宙に浮いている。

義ん母

父は本体に強くコードを巻いた。

まじいい

「待て」を解かれた天使の大群が、いっせいに不幸な男にたかった。

紀野珍

叫びたい夜なんてない。ぜんぶ叫んできた。

義ん母

カバンがずっしり重いから、忘れ物はないはずだった。

炎の文房具屋さん

地球と彗星が衝突する前日、弟は泣きながら夜空にむかって吹き矢を飛ばし続けた。

にゃーころ

僕は白い息を吐き、隣で君はメガネを曇らせる。カバーをつけていないｉＰｈｏｎｅは、火傷するほど冷たかった。

ｙｕｕｍａ

ミーミーと子猫の鳴き声がしたので下宿の窓を開けると、砂利運搬車がただただただ慎重にバックしているだけだった。

ｇ－ｕｄｏｎ

彼女の輪切りの二の腕は、三日経っても性的なままだった。

藤

夜、五滴ほど泣いた。高いところから畳に落下させた。ぱた、と
音がした。

井沢

懐かしい景色のど真ん中を猪が突っ走ってくる。

正夢の3人目

〔自由部門〕

〔自由部門〕

埋められてさみしい。

TOKUNAGA

故郷から二五〇キロ遠くまできた蠅はサービスエリアの裏の森に
消えた。

suzukishika

箸から落ちたマカロニが、太ももで冷たい。

人が生きてる

活字離れした若者は、やがて星座になった。

ヘリコプター

彩度の低い部屋でグリンピースが目立っている。

ウチボリ

薬局が消灯すると同時にボックスの電源も落ちた。写真は落ちてこなかった。

人が生きてる

〔自由部門〕

〔自由部門〕

ストーブから近い順に仏像が熱い。

TOKUNAGA

冬を設定したままの電気毛布と、唐突な春に蒸される。

人が生きてる

不思議なもんで真ん中に寄って垂れてくる。

ハラセン

「皆さんの時計は狂っているので合わせて下さい」教育実習生の第一声であった。

ボーフラ

〔自由部門〕

自称すればわたしは何にでもなれた。

小夜子

ベンチに置いた魔法瓶だけがいつも僕の練習を見守ってくれる。

流し目髑髏

家を飛び出した兄の代わりにジェネリックお兄さんがやってきた。

もんぜん

全員かかってこいよ。鍵を掛けたアカウントでつぶやいた。

人が生きてる

能面はクール便で届いた。

ウチボリ

小学生の頃にセーブしたゲームを、教師になって再開した。

TOKUNAGA

同じ方向に五回避け、六回目で抱き締めた。

えむ毛

「ここは任せとけ」そう言った父は、すでにクレーマーの顔になっていた。

紀野珍

客は皆ドロドロの具なし汁を旨そうにすすっている。看板メニューの「完全煮」だという。

suzukishika

小顔で目が大きくて顎がしゅっとしているのがかわいい顔ならば、カマキリはかわいいことになる。

伊勢崎おかめ

取り違えるたびに小ぶりになっていくビニール傘はしばしば、転職を繰り返す若者に例えられる。

こらん

帰りが遅かった夫から、鉄棒の匂いがする。

偶数の指達

アニキと呼んで後ろをついてまわっていたトラックが左折した。

xissa

あんたんとこ、火事やで。全てを知ったうえで、イルカショーにて手を挙げる。

義ん母

〔自由部門〕

緊張のあまり蟻塚の方に告白してしまった。

義ん母

そう、いつだって鮭フレークはこんなふうに余る。

哲ロマ

ヒーローたちの利害は複雑に絡み合っていた。

Mch

ぼくがまだ駆け出しのミツバチだった頃、君はもう庭に咲いていた。

すらびぃくろべく

三面鏡の前で、饅頭が燃えている。

正夢の3人目

強引に腹で折り畳み傘を縮める様子は切腹のようにも見えた。

HSKN

折紙の手裏剣を手にした可愛らしい忍者が駆けてきて、瞬く間に二人殺った。

suzukishika

〔自由部門〕

〔自由部門〕

競歩でしか味わえない達成感がある。

茂具田

誰もいない夜の市民プールで肉食獣は優雅に泳いでいる。

プレミアムバザー高田

波が盤上の駒をさらっていく。

偶数の指達

まだ大仏がみえる。

TOKUNAGA

昔住んでいた家に電気がついている。

xissa

ロボットはもう動かなかったが、灯台の明かりが届くたび、彼の影が薄暗い部屋を走った。

Mch

使わなかったトキメキパワーを石にしておく。

正夢の3人目

多分、トングのようなもので挟まれている。

ヘリコプター

あいつは他人の心象風景に土足で上がり込んで、わけの分からない種を蒔いていった。

Mch

父の毛が生え始めた。人形の毛は伸びなくなった。

タクタクさん

サソリだけ先に届いて、入れ物がない。

大伴

食べ残してた冷凍ピラフが、今朝にはひとかたまりの透き通った鉱物になっていて、しばらく飾っています。

人が生きてる

〔自由部門〕

こんなドブ川にも小魚がいる。大量の義歯が沈んでいる。

ボーフラ

この靴下のどこかに、枯れた芝が刺さっているはずなのだ。

てこん道

のこされた麺は「さよなら」と読めた。

大伴

規定部門

【傷】

〔規定部門〕

傷が癒え、個性も消えた。

g-udon

判決ではなく、その言い方に傷ついた。

紀野珍

友達カップルと三人で花火に行ったことがある。

東ことり

腕に並んだリストカットの痕で、彼女は正確に長さを測った。

タクタクさん

この集落で性的被害に遭った女たち全員、そして唯一被害に遭わなかった私も、心に深い傷を負った。

伊勢崎おかめ

「磨く」というのは、どこまで暴力的な行為なのだろうか。物に無数の傷を付けておきながら、本人はそれを満足気な顔で眺めている。

はい

ほんの小さな傷から腐る。果物も卓球部も。

Mch

グラスを洗う泡がピンク色に変わった。

大伴

パーで負けたときが一番傷つく。

五捨六入

〔規定部門〕

〔規定部門〕

【父】

他の家族がいないとき、父は、誰もいません、と電話を切っているらしい。

xissa

「しばらくあっちに行ってなさい」家電屋で値切り交渉をする前に、父は私達を遠ざける。

山本ゆうご

父の背中を見て育って、兄は組を継ぎ、私は彫り師になった。

よしおう

父の遺品はすべて二つセットだった。心配性な父は予備を買っておく癖があった。有楽町で私そっくりな人に出会った。

山本ゆうご

〔規定部門〕

荷台の無い軽トラックに乗った、父が帰ってきた。

TOKUNAGA

父さんの死よりも、未完成の遺作の方が惜しまれているようで、それを誇りに思うには、自分はまだ幼かった。

イセグチ

父の背中にはヨセミテ公園の地図がプリントされていた。背中からは、それしか学べなかった。

DON

父の出家の話は、ちゃかすだけちゃかされてうやむやになった。
xissa

神様お願い。右の人にして。優希は祈るような想いでDNA鑑定の結果を待った。
もんぜん

父がモノにするころ、その一発ギャグは旬を終えるが、アレンジを加えられたものがしばらく生き続ける。

紀野珍

〔規定部門〕

【弁当】

〔規定部門〕

私は梅干しが残したくぼみを愛してやまない。

（たま）

星条旗弁当には五十個のウメボシが並んでいた。
大伴

冷えきった白の塊がまるごと持ち上がったと同時に、短い箸がパキッと折れた。
g-udon

暗闇で食べるのり弁は、ほとんど味がしない。
xissa

〔規定部門〕

〔規定部門〕

ふりかけが二袋入ってるということは今日の弁当は自信がないということか。

山本ゆうご

母の入院を知ってまず麻子が考えたのは、明日彼氏に渡す弁当のことだった。

よしおぅ

らしくない感謝の言葉に動揺した家内は弁当箱の外側におかずを詰め始めた。

松っこ

母は隣家の枇杷をもぎ取り、一品増やした。
義ん母

三班は静まり返った。転校生の黒江君の弁当箱に南京錠がかかっている。
哲ロマ

嫁が不本意そうに弁当を突き出してくる。かわいい。
不眠

〔規定部門〕

【虫】

〔規定部門〕

「その蚊柱を右折して下さい」

義ん母

益虫だからといって好きになるわけではない。

柴咲ハコ

祖母の上着で擬態していた。

TOKUNAGA

「ちわっす！　自分ら今日助けてもらった蟻ッス!!」ドアを開けると我が家は、数十万人の作業服姿の男達に取り囲まれていた。

トニヲ

〔規定部門〕

高層階の蚊はエレベーターでやって来る。

gーudon

なんで刺すのって聞いたら、忘れたくないから、だって。君の複眼に、僕はいくつ映っているんだろう。

Mch

現代アートにとまっている蝿にさっきから迷っている。

松っこ

高架橋から見た下を走るミキサー車は、なんだか虫っぽく見えた。

げっつぁん

バルサンを焚いて以来、メールが来なくなった。

xissa

自分の名前を「キャー！」だと思っていた。

伊勢崎おかめ

〔規定部門〕

【相撲】

〔規定部門〕

取組相手をいちいち好きになってしまう。

伊勢崎おかめ

「一人相撲、て知ってるか?」横綱の恋話が始まった。

アイアイ

髷が結えないほどのスピード出世だったが、禿げるのも早かった。

g-udon

最近の弟子はキラキラした四股名をせがんでくる。

(たま)

〔規定部門〕

猫だましにびっくりして、その夜は朝まで眠れなかった。

アイアイ

行司が、オレたちの過去をバラしはじめた。

TOKUNAGA

シャワーカーテンに濡れた大銀杏の影が揺れた。

大伴

「かわいがってやんよ」兄弟子が言った。ピンク色の照明の中、土俵が回り出した。

ファームかずと

学生横綱は、かっこいいスニーカーを履いていた。

紀野珍

20XX年、座布団はブーメラン式になっていた。

りずむ原きざむ

〔規定部門〕

【再会】

〔規定部門〕

盛大に見送られた後、ケータイを取りに戻った。

えむ毛

二次会になって互いの薄毛に触れはじめた。

山本ゆうご

およそ半世紀ぶりに再会し、先ず小銭の両替を頼まれた。

あつし

顔を伏せているのは、二十年前に倒したはずの怪人だった。

紀野珍

〔規定部門〕

〔規定部門〕

中古で買ったRPGの主人公は僕の名前で、ヒロインの名前は初恋の女の子だった。

権藤a．k．a．こめ

一次面接で見たタンクトップが今日もいた。

名前澤

地獄で再会した父は、私よりもすこしだけ若かった。

大伴

一年ぶりに洗った上履きの白さに思わず息をのんだ。

TOKUNAGA

古い献立帳をめくればいつだって母に会えた。

Mch

十五年前に生き別れた母は、「再現VTRで15年前に生き別れた母を演じた」人その人であった。

新井一十三

〔規定部門〕

【歴史人物（国内編）】〔規定部門〕

もう米のことなどどうでもいい平八郎だった。

g-udon

秀吉は売り物の草履をそっと懐へしのばせた。

TOKUNAGA

ザビエルはまず先に河童と神は無関係である事から説明を始めた。

えむ毛

海水を桶に入れて水が蒸発するのを待つ間、謙信は信玄の喜ぶ顔をずっと想像していた。

もんぜん

千年経っても私の日記が教科書の教材で使われているとわかって
いたら、あんなことは書かなかったのに。十二単が、少し重い。

伊勢崎おかめ

ちらつき始めたラストエンペラーの称号は、劣等感の塊だった慶
喜にとって目眩がするほど魅力的だった。

Mch

初めてのキャラメルフラペチーノに、利休の心は震えた。

Ｍｃｈ

「これより夜の刀狩を始める」そう言った秀吉公は、やや乱暴に
拙者の帯に手をかけてきた。

伊勢崎おかめ

上の空で聞き返したら十人の話を聞いていたことになっていた。

ウチボリ

〔規定部門〕

【歴史人物（海外編）】

〔規定部門〕

ガンジーが生涯でただ一人、殴った男の話をしよう。

高橋明治人

ファーブルにも少なめに虫除けスプレーをかけた。

TOKUNAGA

「またとびきり悲しいやつ、頼みますよ」と声をかけられ、シェークスピアはほとほと嫌気が差した。

紀野珍

「娘の部屋には一歩も入れません」が、ペリーの鉄板ジョークだ。

NCハマー

ナイチンゲールの前に検尿の列が出来ていた。

もんぜん

実物と棺が違いすぎる。ツタンカーメンのプライベート写真が流出した。

アイアイ

釈迦が歯を磨き始めると、弟子たちは思わず耳をそばだてた。

柴咲ハコ

電気メーターが勢いよく回るのを見て、劉備は孔明の居留守を悟った。

g-udon

ルイは見た。ルイの手のひらには汗で滲んだ数字が書かれていた。ルイはたまに自分が何世だったか忘れてしまうのだ。

哲ロマ

アインシュタインの舌が、日に日に伸びている。

大伴

〔規定部門〕

【小学生】〔規定部門〕

揉みたいものがまだ、友の睾丸だった頃だ。

義ん母

白ブリーフの落とし主は永遠に見つからない。

伊勢崎おかめ

蹴った石ころが側溝に吸い込まれた。一機死んだ。

紀野珍

一度帰宅してから忘れ物を取りに戻った校舎は、とてもよそよそしかった。

井沢

〔規定部門〕

〔規定部門〕

プールのシャワーで滝修行している近藤君はカナヅチだ。

ぴすとる

鉛筆の皮は苦いが木はジューシーだ。芯は残す。

g-udon

彼は今日も良さげな棒を持っていた。

哲ロマ

理科のテストは「白くにごる」で乗り切った。

Mch

口に水を含んだまま、あと5分で2時間目をやり過ごせる。水はだいぶ生ぬるくなってきた。

エマニエル成田山

もう着替えていた。

TOKUNAGA

〔規定部門〕

【大阪】〔規定部門〕

寝言は大阪弁じゃなかった。

Mch

朝礼で全校生徒が一斉にコケる練習がある。
g-udon

「肺に影がありまんねん」関西弁のお医者さんが言う私の病状は全て冗談に聞こえた。
もんぜん

梅田の地下ダンジョンは毎日地形が変わっているらしい。
shanagi

〔規定部門〕

〔規定部門〕

大阪地裁では、被告人の冒頭陳述が「おもろいか、おもろないか」が最大の争点となる。

タクタクさん

京都の下に大阪。プロにあるまじき二府で反則負けを喫した。

west@wind

「いいじゃん。マック行こうじゃん」大阪からの転校生は東京に馴染もうとしていた。

山本ゆうご

阪神が優勝したので釈放された。

NCハマー

アメリカ村が発見できないまま、私たちの修学旅行は終わろうとしている。

てこん道

「そう、奥が深いねん」彼の大阪自慢が、いつもの締め括りで終わる。

kjm

〔規定部門〕

〔規定部門〕

【恥】

先週の飲み会を思い出しながら走り、自己ベストを更新した。

TOKUNAGA

このTシャツの英語の意味、知らなければよかった。

大伴

何をしてそうなったのか、医者に説明できない。

伊勢崎おかめ

遠くから間違った名前で呼ばれている。

まじいい

〔規定部門〕

「全略」で始まる達筆な詫び状であった。

紀野珍

恥ずかしさが死の恐怖を超えた瞬間、人は天使になる。

g-udon

マンホールの底を覗くと、顔を覆った人間達がびっしりと詰まっていた。

えむ毛

初めて家に上げた女の子は、俺が自ら新連載と謳った大学ノートの束を熟読している。

プレミアムバザー高田

旅の恥は旅館の屑籠から溢れていた。

名前は「ナイ」

卒業アルバムに火を付けた。

k・j・m

〔規定部門〕

【不倫】

〔規定部門〕

日曜の彼は全身ユニクロだった。

g-udon

旦那には私は三つ子ということになっている。　トミ子

土曜日の助手席は、いつも半歩分前にずれている。　シノ

ハイウェイを逃走する親父と愛人を、上空からお袋が狙う。　えむ毛

旦那の携帯に登録されている「マクドナルド武蔵境店」が私の電話番号だった。

unnnunn

「不倫は、社風だ」顔色ひとつ変えずに、先輩は囁いた。

吉蔵

曖昧なまま始まり、形式上ははっきりと終わった。

早百合

そうか。うちの冷蔵庫にはオイスターソース、なかったんだ。

xissa

ふとした拍子に凜とした姿を見せることこそが不倫なのだ。

しょんぼりん

不倫の仲裁に入った私が一番罵られ場はおさまった。

流し目髑髏

【天才】

〔規定部門〕

天才の家の網戸は、とてもスムーズに開いた。

哲ロマ

寝正月を考えたのは、私です。

トミ子

このくらいだった、と広げる腕のサイズがいつだってドンピシャ。

ocamo

「ほんと、あなたってモノをなくす天才ね」そう言って彼女は二枚目の離婚届を差し出した。

ビールおかわり

用意した食材はもやしだけの筈である。

TOKUNAGA

餃子のタレとラー油をキャンバスにこぼしただけで数千万円の値が付いた。

流し目髑髏

「ハーバードを出たんだ。このギャップを活かさない手はないだろう」人力車を引きながら大石はそう答えた。

紀野珍

圧倒的な拍手の大きさに大観衆が思わず彼のいる場所を見た。

ジャーゲジョージ

ビンタの衝撃を最小限にする首振りに関して、天才的才能を身に付けた。

ぴすとる

ただひとつ、わからないという感覚だけが、どうしてもわからないのだ。

えむ毛

〔規定部門〕

【童貞】

〔規定部門〕

不可能な作戦ばかり思いつく。

xissa

童貞らしからぬ態度だった。

紀野珍

そうだからと言って、必ずしも童のような心を持っているわけではない。

ミミズグチュグチュ

「捨てる」から「守る」に傾いてきた。

ビールおかわり

〔規定部門〕

童貞の見る淫夢は、どこにもピントが合わない。

餅

「くらげになりたい」と言う女性の横で申し訳ないほど男になりたかった。

井沢

怒っている童貞で、暖をとった。

ねもっ血風クン

言われてみれば、ちょっとだけ童貞かもしれません。

マークパン助

大人1枚、なぜか喉に引っかかる。

義ん母

世界を救うのはいつだって童貞だ。

大伴

〔規定部門〕

【女子】

〔規定部門〕

今日はガーリーな感じで泣けた。

もんぜん

〔規定部門〕

上目遣いだけでなんとか今日まで生きてこれた。
五捨六入

うそではない。ふりがうまいだけ。
ocamo

勝負するのは下着じゃない。私だ。
Mch

〔規定部門〕

出産時、すべての女子力は無力で無意味となる。
ocamo

あの娘はまだ変身を二回残している。
J

ブランケットと交換して、私の手持ちの女子力はゼロになった。
長谷川

最長老さまが頭を撫でると潜在的な女子力が湧き上がってきた。
ベランダ

勇者の前でだけ、薬草取り分けたり、ローブの裾踏んで転んだりして、なんなんあいつ。燃やすし。

義ん母

ショートケーキがたべたい。可愛くなれなかったら死にたい。
催涙雨

〔規定部門〕

【ゾンビ】〔規定部門〕

腐敗こそすれ充実していた。

TOKUNAGA

洗濯物をくぐり、自転車をどかし、網戸を開けてゾンビが来た。

哲ロマ

南国のゾンビはよく笑う。北国のゾンビは状態が良い。

東ことり

生前は腐女子だった。

xissa

〔規定部門〕

〔規定部門〕

見よう見まねで両腕を前に出してみる。

ババア伝説

年金を受け取ると、ゾンビ達は大人しく帰っていった。

えむ毛

店主は逃げたがケバブは噛まれた。

義ん母

アルバイトに雇ったゾンビは初めての給料で、防腐剤を買った。
あつし

私はあなたの前にいるときだけ、素のゾンビでいられる。
もんぜん

ゾンビらしいことは何一つしてやれなかった。
ヘリコプター

【セレブ】

〔規定部門〕

寄付も万引きもスケールが違った。

TOKUNAGA

「あと、あれも買うよ」セレブが指差した先にあったのは、満月だった。

柴咲ハコ

テーブルの上で、お年玉袋が立っていた。

morin

昔捨てたガラクタが埋蔵金騒ぎを引き起こした。

Mch

「おっまえのかーっちゃんセーレブ！」いじめっ子集団に叫ばれ、僕は蛇柄のバッグをギュッと握りしめた。

ノンシュガー

ピラニアだらけの川を、セレブが無事泳ぎ切った。

ヨーヨー大会

ドッジボールで最後まで残るのは、黒服のSPに守られた静子ちゃんだ。

タクタクさん

旦那様が歩いたあとの赤絨毯を巻き取る仕事についています。

プレミアムバザー高田

どうも話がかみ合わないと思ったら、エリカが買ったマンションというのは一棟まるごとのことだった。

伊勢崎おかめ

敷地内にあるコンビニで爺やはとても横柄になる。

ヘリコプター

〔規定部門〕

【走る人】〔規定部門〕

追ってきた店員と徐々に呼吸が合いはじめた。

TOKUNAGA

追えば追うほど、靴下は脱げていった。

えむ毛

一緒に走ろうね、と言っていた友達とパトカーから逃げている。

もんぜん

プラットホームでお別れのはずだったが、彼は想像以上に速かった。

どらいすきん

〔規定部門〕

〔規定部門〕

奇跡的に借りられた能面をかぶってゴールへ急ぐ。

大伴

十万人が皇居の周りに集った。もはや皇居の方が回っているようだ。

ごり田もう

食い逃げ犯が、ゴールテープを切った。

にら将軍ハルナ

「かどのや」のランチタイムは13時で終わる。俺は体を斜めにしながら宝くじ売り場の前を駆け抜けた。

プレミアムバザー高田

完璧なフライングは観客を魅了し、審判団を熱狂させた。

五捨六入

人力車の荷台に私たちを残したまま、取手だけが走っていく。

もんぜん

〔規定部門〕

【吉田】

〔規定部門〕

担任に好かれている吉田と、ただの吉田がいた。

紀野珍

歯形だけで吉田のビート板だとわかった。

大伴

卒業アルバムをゆっくり閉じると、オレと吉田の顔がぴったりと重なる事に気づいた。

TOKUNAGA

ビンゴ大会は、吉田の不正のせいで後味の悪いものとなった。

紀野珍

〔規定部門〕

〔規定部門〕

年が明け、吉田先生の苗字がまた吉田に戻った。

山本ゆうご

彼のジャージの青は、ヨシダブルーと呼ばれている。

xissa

吉田の家へは左折だけでたどり着いた。

TOKUNAGA

三面鏡に映った吉田は、そのうだつの上がらなさも三倍に見えた。
伊勢崎おかめ

冷蔵庫には「吉田」と書いてあるプリンが二つ。俺のはどっちだ。
KESHI

椅子なんていらない、みたいな顔してる方が吉田ね。
義ん母

〔規定部門〕

絶対王者の吉田が、あんなポッと出の吉田に負けるとは誰も思わなかったはずだ。

ユーリ

吉田、吉田、吉田。平凡な名、平凡な顔。なぜ鼓動はこんなに速い。

まんた

終電のひとつ前の便のことを、私達の間では「吉田くん電車」と呼んでいる。

もめん

「あそこで草を食んでいるのが吉田です」ガイドは指を差して答えた。

えむ毛

「それ」はもう吉田では無い。私は泣きながら引き金を引いた。

ぴすとる

街は、うつろな目の吉田たちに監視されている。

夏猫

サイドカーに乗せた吉田を途中で切り離した。

茂具田

吉田はバージンロードを勢い良く膝で滑り抜け、祭壇を突破し、消えた。

アイアイ

吉田の所有するアパート群は上空から見ると苗字を形作っている。

ウチボリ

別れがつらくならないように、育てた豚はすべて「吉田」と呼んだ。

ぴすとる

吉田を四人まとめたら消えた。

小夜子

スタッフロールの名前は、ほぼ吉田だった。

大伴

解説そしておわりに

書き出し小説は当初、つづきを想像させるオリジナルの書き出しを——という趣旨のもとネットの片隅で始まった。ところが連載中、作家たちのたゆまぬ創意工夫によって、書き出し小説はいわゆる「書き出し」には収まらない独自の短文表現へと進化を遂げている。ここではあとがきに代えて作品の中からいくつかを抜粋し、その多様な広がりを見ていきたいと思う。

ミステリーツアーはガイドの失踪で幕を開けた。

Mch

物語の冒頭からいきなり行方をくらますガイド役。果たしてツアーの行方は？　はじまりの予感に満ちた、模範的な書き出し小説と言えるだろう。この作品がミステリ小説のパロディになっているように、書き出し小説もまた書き出しのパロディから出発した。ちなみに私の想像ではこのガイドは序盤で犠牲者として発見されるがそれはトリックで、ラストに再び真犯人として登場する、ような気がする。

ロボットが人間に始めてついた嘘は「似合っていますよ」だった。

もんぜん

小説にあらゆるジャンルがあるように、書き出し小説にもあらゆるジャンルがある。右の作品はさしずめ日常SFものといったところだろうか。SFの巨匠アイザック・アシモフのロボット三原則の中には「ロボットは人を傷つけてはならない」という規則がある。だとしたらこのロボットのついた嘘は、その規則を忠実に守った結果と言えるだろう。

モテすぎる女にモテたとき、人は何も信じられなくなる

マークパン助

書き出しにはさまざまなパターンがある。情景描写から入るものもあれば、時代説明から入るもの、いきなりアクションから入るものもあれば、台詞ではじまるものもある。右の作品は人物の独白だが、実は登場人物の口を借りた作者自身の本音かもしれない。ツイッターに書けばただのつぶやきも、こうして書けば立派な作品として成立する。それにしても、もし作者が本当にモテすぎる女にモテたとすれば、これはただの自慢という見方もできる……悔しい。

元カノがまだ予測変換にいる。

ふじーよしたか

スマホを持つことが当たり前となった現代、このような事実は実際にある。つまりこれは恋愛における「あるあるネタ」と言ってもいい。そんな「あるあるネタ」も小説の文体を借りれば途端にホロ苦い失恋小説になる。さらに読み手の深読み次第では、この物語がストーカー視点の犯罪小説になる可能性だってあるのだ。

音楽性の違いで解散した三人は、同じ工場に就職した。

哲ロマ

書き出し小説の基本はつづきを想像させることだが、この作品は潔くここで完結するのが正解だろう。本書にはこのような超短編小説と呼べるものも多い。読者はこの場合、省略された過程や細部をイメージして楽しんでいただきたい。メジャーデビューは果たせなかったものの、三人は仲良く工場デビューを果たした。同じラインに並ぶ元メンバーが目に浮かぶ。

本館と新館の間に雪が降りしきる。

xissa

本館と新館の間が象徴するもの、それは普段のぞかない心の隙間であり、そこでは常に静寂が支配している――。簡素な文体が深い余韻を残す秀作である。しかしこの読後感は書き出しというより自由律俳句に近い。実際、書き出し小説を読んだ人から自由律俳句との違いを問われることもある。その場合書き出し小説は歴史と伝統がないぶん、自由律よりさらに自由であると答えている。

ボブの合気道は、結局力で投げている。

正夢の3人目

「摑み」が命の書き出し小説において、笑いは重要な要素となる。ある意味書き出し小説は文章による一発芸と言ってよい。ただしそれがただの「ネタ」にならないことが大切だ。文体やレトリックを駆使し、ネタをどう作品へと昇華するかに作者の力量が問われる。この作品ではボブのキャラクターと語り手の冷めた口調が、とぼけたおかしみを醸し出している。

冷めた味噌汁をまぜるように、事件は闇に包まれていった。

大伴

たしかに沈殿した味噌がもわ〜〜っと立ち昇るときの、あのなんとも言えないエフェクト感は未解決事件の迷宮入りにぴったりなビジュアルイメージである。すぐれた比喩はそれだけで作品を成立させる力がある。そう言えば味噌汁の椀は不意にスーッと食卓を滑ることがある。あの様子も見ようによってはどこか不穏な事件を予感させる。

「いいか、おまえは何もするな」未来から来た自分に言われた。

紀野珍

「いったいなにしでかしたねん！」思わずそんなツッコミが口を衝く。と同時に読者はそのボケまで考えなくてはならない。まるで大喜利の問いがそのまま書き出しになったような作品である。主人公の「いらんことしい」が歴史にどんな影響を及ぼしたのだろうか。妄想は尽きない。

蟹スプーンで筋肉を抉られるとくすぐったいの。死んでてもわかるの。

伊勢崎おかめ

一読後、これが調理された蟹の視点だと分かったときの驚き！　繰り返し読むと体の内側がくすぐったくなるから不思議だ。もし死んだ蟹の一人称で長編を書くとすればかなりの技量を要するだろうが、冒頭だけなら可能である。こんな突飛なアイデアを「書き逃げ」で済ませることができるのも書き出し小説の魅力だ。

カーテンレールに連なる亡霊は、一週間分の私。　merumo

謎めいた一文がイマジネーションをかき立てる。なるほど夜のカーテンは気配に満ちている。あのゆるやかな襞のひとつひとつに過去の自分が潜んでいたとしても不思議ではない。感受性の高い文章は読み手の感覚まで鋭くする。思わず部屋のカーテンを振り返りたくなるホラーな書き出し。

ストーブから近い順に仏像が熱い。　TOKUNAGA

おそらくストーブから三番目の仏像ならギリギリ触れるんじゃないかと思う。この場合作者が実際ストーブに近い仏像を触ったとは考えにくいが、読者の指先はたしかに仏像の熱を感じる。虚実を超えたリアリティを求めるという点においては、書き出し小説も立派な小説と言えるのではないだろうか。

緊張のあまり蟻塚の方に告白してしまった。　**義ん母**

告白の段階で気づいて本当によかった。だがその一方で、私たちは蟻塚と交際する男の物語を妄想している。書き出しだけの小説につづきはない。しかしそこに提示された世界観で読者は自由に遊ぶことができる。そう、その自由な遊びの精神こそが書き出し小説を貫くテーマかもしれない、といま気づいた。

以上、自由部門からさまざまなタイプの作品を見てもらった。ついでに規定部門についても多少触れておきたい。

規定部門はご覧の通りお題に沿った作品を募ったものだが、注目して欲しいのはお題に対する各作品のアプローチである。真正面から直球で挑むものもあれば、変化球もある。ストライクゾーンぎりぎりをついてくるものもあれば、明らかな暴投もある。その一文だけを読むとなににつ いて書かれたものか分からないが、お題と照らし合わせることでなるほど、そう来たかと思える ものもあり楽しい。

お題については毎回悩む。短歌や俳句のように花鳥風月にちなんだものも出すが、不倫や再会 といった、小説ではお馴染みのモチーフを出すこともある。また父や小学生といった人物系はキャラクターが立ちやすいようで毎回面白い作品が多い。中でも「吉田」をお題にしたときは格別 だった。

全国の吉田さんには誠に申し訳ないが、吉田というごくごく一般的な苗字が逆に書き手の創作意欲を刺激したらしく、実に多種多様な吉田が集まった。平凡な吉田から絶対王者の吉田、ゾンビっぽい吉田から豚の吉田、吉田を突きつめるあまり「吉田」という概念だけがひとり歩きした作品まで寄せられ、この回は吉田祭りとなった。

総じて見ると、自由部門は作者自身が自分なりの表現を目指した純文学的なものが多く、規定部門は頓知優先のエンタメ作が多いように思う。もちろんどちらもそれぞれ面白い。

さて、いかがだっただろうか。

「はじめに」で書き出し小説とは書き出しだけで成立した文芸スタイルである、と書いた。しかし本当は読者のイマジネーションが加わってはじめて成立するものである。この短い書き出しからあなただけの物語を引き出して欲しい。そして気が向いたら是非、今度はあなたから書き出して欲しい。

【巻末付録】

書き出し座談会

「書き出し小説」投稿常連のＴＯＫＵＮＡＧＡ氏、大伴氏、ｘｉｓｓａ氏、義ん母氏の４名を迎え、参加者側から見た「書き出し小説」の魅力や作り方、味わい方などを、存分に語ってもらった。「書き出し小説」を作ってみたい人、読み解いてみたい人、どっぷり嵌ってみたい人はご覧あれ。

天久　今日は常連のみなさんに「書き出し小説（以下「書き出し」）」についてざっくばらんに話してもらえればと思います。

大伴　僕はこれまでネタなど投稿したことがなかったんです。でも「書き出し」を初めて見て、いけそうだ……って。と言っても偉そうな意味じゃなくて、合いそうだと思って。

ｘｉｓｓａ　面白いこと言わなくても構わない。

ＴＯＫＵＮＡＧＡ　本当は全ての作品が笑いにつながると思うんですよ。小説の書き出しだけを書くって企画自体がすでに面白い。だから無理に笑わせなくていい。

義ん母　間口の広さはめちゃくちゃあると思います。わらかしにかかるネタ的なものもあれば、日常の散文的なものもあって、何でもあり。

天久　面白いことを言いたい人もいるし、かっこつけたい人もいる。でもかっこつける受け皿ってなかった。素人だってかっこいいの書きたい！っていうのはあると思って。アイドルならどこから見てもかわいくなければならないけど、ここの角度からみたら私だってかわいいのに！みたいな。そういう思いを受け止められるものが「書き出し」なのかなと。

義ん母　僕は当時就活中で、文学部系やったんですけど、まさにかっこつける受け皿を探してたんでしょうね。めっちゃ就職試験落ちてるときに、規定部門のテーマが「無職」でぴーんときた。ラジオと違って、文字で残してもらうっていうのもよかった。

大伴　「書き出し」が言葉遊びとちがうのは、物語性だと思うんですよね。今まで物語にならなかったようなしょぼいことでも物語になりかけるのがすごい。そこが魅力。

TOKUNAGA　「書き出し」は、何かに「痕跡」を残すパターンが一番確実だと思う。ｓｕｚｕｋｉｓｈｉｋａさんの「タトゥーは旧姓で入っていた」みたいな。時間やキャラクター、間抜けさを全部内包できる。

ｘｉｓｓａ　真剣に作ってるけどちょっと面白いから、自分であとから読んでも恥ずかしくない。

天久　書き出しだけを無責任に書けるからね。

義ん母　言葉遊びを物語化できるっていうのはでかいです。ツイッターでつぶやけば2ふぁぼくらいの言葉遊びだとしても、ちょっと拾っていただけて、先の展開をわくわくさせられるのが「書き出し」。

天久　ちゃんと余韻があったり、予感を感じさせたりと、書き出し作家さんたちはみんなうまいよね。落としどころを「書き出し」にすることで、伝わりづらいネタも使える。

義ん母　無責任じゃなくて、読む人を信頼しまくっているんですよね。逆を言えば甘えている。

ｘｉｓｓａ　読む人にこれ伝わるかなって思いながら書くときはあります。

大伴　０・９でとめるといいと思っていて。１まで行っちゃうと書き手と読み手で割り切れちゃう。

天久　初期の「メールではじまった恋は最高裁で幕をとじた」とかは、ちゃんと完結してるけど、余白っていうか、ディテールを想像させる強度はすごくあるんだよね。いいのになっていうのを落とすときは、ただただオチまで書いているやつ。
TOKUNAGA　オチのところを余韻として残すというか、あと1割は読む人に考えてもらう。そうやって余白を作るという感じで作ってます。
天久　TOKUNAGAくん、作るときは映像が浮かぶの？
TOKUNAGA　どうだろう……。なんかのフレーズから「書き出し」を思いつくときはありますね。
天久　TOKUNAGAくんの「ストーブから近い順に仏像が熱い」は、絶対こういう経験ないと思うけど、指先の熱さを感じるし、絵が浮かぶ。
大伴　xissaさんはどういう書き方が多い？
xissa　あんまり考えてない……。でも夢から作ることは多いかな。起きたらすぐメモを残して。一瞬だけすごく「絵」を覚えている。すごいなと思うのは、天久さんに選ばれたものは自分で飽きないし、自分の作品だけど好き。

大伴　xissaさんの作品は叙情的なものが多いなと思うけど「彼のジャージの青は、ヨシダブルーと呼ばれている」とかは意識的に笑わせようとして考えたの？
xissa　それは実体験。ずっと赤を着ている人とか見て、「〇〇レッドだ！」と思って。
天久　実体験を書いたやつが多いよね。
xissa　だって天久さんが不思議とそればっか選ぶから！
天久　スルーするようなかすかな記憶が作品になったりする。大伴くんとか多いよね。
大伴　そうですね。状況やビジュアル重視で考えます。自作の「グラスを洗う泡がピンク色に変わった」とかまさにそうですね。TOKUNAGAさんの「氷上の最速は亀だ」もビジュアルが面白くて好きです。想像したときの説得力と、物語性がある。
TOKUNAGA　これはフィギュアの「氷上のプリンス」とか、そういうところから入りましたね。

文字を削りすぎると伝わらなくなるから加減が難しいけど、なるべく力をいれずにひっくり返したい。たとえば自作の「まだ大仏がみえる」だったら、「まだ」をつけただけで「書き出し」になるとか。それが魅力ですね。日本語が面白いなと思って。

大伴　ｘｉｓｓａさんの「本館と新館の間に雪が降りしきる」もすごく好きです。

義ん母　僕も。

大伴　いつもｘｉｓｓａさんのは軽いデジャヴを感じるんですよね。思い出っぽい。

天久　みんなそれぞれの新館と本館とを思い出すんだよね。旅館とかね。ちなみにｘｉｓｓａさん自身の本館と新館は何？

xissa　デパートです。小倉に井筒屋ってあるんですけど、小さい頃、本館と新館の間に雪が降るのを見ていたことがあって。夢で見て思い出したんですよね。

TOKUNAGA　実体験だからデジャヴ感があるんでしょうね。

xissa　実体験は多いかも。思ってもないことを書かないようにしようとはよく考えてます。規定部門でどうしてもわからないお題のときは、検索をたくさんしてようやく書いたりもするけど（笑）。

天久　義ん母くんの作品も独特だよね。

大伴　義ん母さんの掲載作品だと「能の舞台を突っ切れば会議に間に合う」がダントツで好きです。どういう状況だよと。

義ん母　書類はめっちゃ持ってるイメージで書きました。僕は心理的な実体験を、現実逃避で、ちょっと頭の中に遊び場所を設けてあげて作るというのが多いですね。追い詰められてるのかも（笑）。

天久　ある極限状態を考えるっていうのは俺もやる。とにかく最悪の状況を考える。そこに葛藤とか、ドラマがあるから。

義ん母　自作なら「叫びたい夜なんてない。ぜんぶ叫んできた」は好きですね。尾崎じゃないですけど、叫びたいという願望はないんです、その瞬間に叫んでいるはずなんですよ。

天久　義ん母くんのその作品、オチまで言ってるんだけど、なんかふわっとするんだよね。大伴くんはメインがビジュアル系。本人がじゃないよ（笑）。ビジュアルが浮かぶビジュアル先行型だよね。あとは「父のジョークに風鈴だけが小さく笑った」とか、切ないものが多いなあ。

TOKUNAGA　大伴さんの「アダルトサイトの履歴だけが、私のアリバイを証明してくれた」も痕跡ですよね。結局今までこいつアダルトサイト見てきたんやっていう間抜けさも含んでいて。

大伴　自分ではこれものすごいホラーだと思ってるんです。絶対いやですよね、最悪ですよ。でも何か証明するために見せなきゃならないほど、おそらく追い込まれている。

天久　TOKUNAGAくんの言う痕跡って、書き出しの後っていうより、バックボーンみたいな情報を凝縮している感じのことだね。

TOKUNAGA　そうですね。かなりの情報量を無理なく短文にまとめられる。物語性も増す。

大伴　あと「書き出し」は、続きが気になるっていう引っ張る系と、どうしてこうなったっていう一瞬を提示して、そこから読者が立体的に膨らませる系も多いですよね。自作の「奇跡的に借りられた能面をかぶってゴールへ急ぐ」はそれで言うと膨らませる系ですが、実は義ん母さんの「能の舞台」に影響されて作りました。

義ん母　まさかのアンサー「書き出し」！

天久　「書き出し」をやってて楽しいのは？

TOKUNAGA　こういう風にみなさんに会えること。あと、すごく思うのが、短文でキレイにまとまったときは気持ちいいですね。

大伴　読み手として作品を見ていると、みんな本当にいろんなこと考えてるなと感動します。物語になりえなかったところが物語になりかける。

義ん母　普通のサラリーマンが何を考えているのかがわかる。普段こんなことを考えながら社会を渡ってるんだというひずみを感じる。

xissa　自分が覚えていることや考えに、人が反応してくれるって、それだけですごくうれしい。

天久　じゃあ、初めての人はどうやって「書き出し」を作ればいいと思う？

TOKUNAGA　はじめにやりやすいのは痕跡。身近なもので「書き出し」的なアイデアが生まれる。Wのキー文字だけが擦れているパソコンとか、思いついたらそのまま使えるし、手紙の筆圧や、折り目のあったページとか、物語になりやすい。

大伴　あとは、謎シチュエーション。何なんだその状況は、という。「あるある」もやりやすいんじゃないですか。

天久　続きを考えるというコンセプトだけど、それより世界観を提示するっていうね。ストーリーの続きを考えるより、そこで自由に遊んでもらうっていうふうに考えると、書く方も書きやすいし、読む方も遊びやすい気がする。

xissa　いつも引っかかっているものがある人とかは、作りやすいかもしれない。

TOKUNAGA　哲ロマさんの「網戸」とかね。

天久　網戸ってよくはずれるし。

義ん母　ポリゴンみたいになるし。

大伴　はめなおす行為もまぬけだし。

xissa　うまく動かなかったりするし。こうやってつまんないことを一生懸命考えていくと、「書き出し」ができたりする。

天久　色々なことを考えていても、人に発表できるのって限られた人たち。だけど、元々そういう衝動ってみんな持ってるはず。「書き出し」は初期衝動のみでできる。受け手の人がそれに乗っかって、お互いが楽しくなる。

大伴　読み手でも書き手でもいいので、とりあえず参加してみると、きっと楽しいと思います！

挫折《ざせつ》を経《へ》て、猫《ねこ》は丸《まる》くなった。
書《か》き出《だ》し小説名作集《しょうせつめいさくしゅう》

発行　二〇一六年　六　月三〇日
二刷　二〇一六年一一月二五日

編者　天《あま》久《ひさ》聖《まさ》一《かず》
発行者　佐藤隆信
発行所　株式会社　新潮社
東京都新宿区矢来町七一
郵便番号　一六二―八七一一
電話　編集部(〇三)三二六六―五六一一
読者係(〇三)三二六六―五一一一
http://www.shinchosha.co.jp

本書は、デイリーポータルZに二〇一二年十一月から連載中の「書き出し小説大賞」(http://portal.nifty.com/kiji/121103158198_1.htm)を加筆・再構成したものです。

印刷所　大日本印刷株式会社
製本所　大口製本印刷株式会社

ISBN 978-4-10-336932-5 C0095

特別協力／もんぜん、ＴＯＫＵＮＡＧＡ、大伴、ｘｉｓｓａ、義ん母

カバー写真提供／１２３ＲＦ